¡Adiós Deudas!

¡21 Días que transformará tus finanzas!

Pedro Sanchez, Jr

BLUEX
LEARN, LIVE, LEAD

Todas las citas bíblicas publicadas en este devocional han sido tomadas de la versiones bíblicas - Dios Habla Hoy (DHH) y Reina-Valera Revisada 1960 (RVR1960).

ISBN: 978-1-7370391-0-5 (paperback)
ISBN: 978-1-7370391-1-2 (eBook)

Datos de catalogación en publicación de la Biblioteca del Congreso

Library of Congress Control Number: 2021907168

Revisado y Editado por: Sheila E Sanchez
Portada por: DesignerBeauty
Diseño interior: Pedro Sanchez, Jr

Impreso en los Estados Unidos de América

Publicado por BlueX – Pedro Sanchez, Jr
PO Box 460
Agawam, MA, USA 01001

Visite: www.bluexsolutions.com

DEDICACÍON

Este devocional es dedicado ha cada persona que desea cambiar su vida financiera en su presente, para un mejor futuro, para que las generaciones futuras puedan disfrutar de la misma. Gracias a mi esposa Sheila Enid y a mis hijos; Julie y Pedro Abdiel; por tomar esta jornada junto a mi lado para cambiar nuestra historia y juntos poder ayudar a otros cambiar las suyas, a través de este devocional y otros recursos.

TABLA DE CONTENIDO

DESCRIPCIÓN DEL LIBRO

¿Le quieres decir adiós a sus deudas? En este devocional de 21 días encontrarás una guía con herramientas que le llevarán paso a paso para transformar su mente, su corazón, su familia y su presente para obtener un mejor futuro. Además, estas herramientas están en acorde con lo que la Biblia dice sobre las finanzas.

En esta guía encontrarás algunas de estas herramientas: El por qué se me hace difícil enfrentar la realidad del por qué estoy endeudado; Cómo puedo manejar las finanzas; Tener una cuenta de Emergencia; Cuán importante es la disciplina; Las metas de corto y largo plazo le ayudarán a enfocarte a llegar a donde quieres llegar. La importancia de ser Generoso.

Preguntas que deberías preguntarte:

- ¿Qué o quién me llevó a estar en deudas?
- Realmente, ¿puedo ser libre de las deudas?
- ¿Cómo puedo decir que no a lo que quiero, si lo quiero?
- Es mi dinero, ¿por qué tengo que hacer esto?
- No sé cómo empezar, ¿Cómo este devocional me ayudará a salir de las deudas?
- Bueno, ya comencé los primeros pasos con el Coach Sanchez, pero ¿qué más puedo cambiar?
- ¿Cómo ser Generoso me ayudará a saldar mis deudas?

En conclusión, sé que tendrás muchas preguntas en su mente, pero espero poder contestar algunas de sus preguntas a través de este devocional de 21 días. Este plan de finanza me ayudó cuando comprendí que estaba endeudado y no sabía por qué. Hoy puedo decir, que estoy libre de deuda y puedo disfrutar con mi familia nuestros sueños y podemos ser generosos en la comunidad que vivimos. ¿Necesitas más recursos para decirle adiós a las deudas? Puede ingresar a nuestro curso en línea **Más Que Ingreso - www.masqueingreso.com**. *¡Vamos, Acompáñeme a la Paz Financiera!*

DÍA 1 - NO ERES ESCLAVO

"El rico se enseñorea de los pobres, y el que toma prestado es siervo del que presta"
Proverbios 22:7

Devocional:

El Creador del Universo le creó para que pueda administrar y manejar todo lo que él ponga en sus manos y lo multiplique. Su intención no fue que tomaras cosas prestadas, sino, que pudieras ser de bendición a otros y dar de lo que tienes al necesitado. Yo estoy seguro, que usted desea ayudar con lo que tienes, pero te preguntas, ¿cómo lo haré? Aunque quieras, dices que no puedes, ya que le debes dinero a prestamistas, amigos, familiares, etc. Sé que el deseo lo tienes y si estás leyendo este devocional financiero es porque deseas cambiar su presente para un mejor futuro.

La realidad del caso, es que hay muchos factores por el cual esto puede suceder, pero, aun así, no tener las herramientas o el entendimiento de cómo manejar los recursos nos lleva a situaciones inestables y luego nuestras emociones y las deudas nos encarcelan. Puedas que has pensado, ¿No sé cómo caí en esta situación emocional? ¿No sé cómo me enredé en tantas deudas? ¿Por qué no me queda dinero después que recibo mi cheque? O, quizás no te has hecho estas preguntas, pero si has dicho, ¿por qué no salgo de estas cuentas?

Si las deudas lo están consumiendo, no estás solo(a). Leí en un reportaje, que el cuarenta y tres por ciento de familias en Estados Unidos gastan más que sus ingresos al año. Esta estadística es alarmante, ya que, si se gasta más del ingreso al año, esto significa que las familias están endeudadas sin pensar en las consecuencias del mañana.

El plan de Dios es supremo, y su plan no es que seas esclavo. Jesús vino para darte libertad en todo, ya que Dios nos creó para dominar y conquistar todo lo que él a confiado en nuestras manos.

Me alegro de ser parte de su jornada, ¿por qué? porque he visto personas convertirse en esclavos de las deudas y han perdido todo lo que han tenido. Usted ha tomado la oportunidad de no ser parte de las estadísticas y cambiar el rumbo de su vida para tener una vida financiera bendecida.

Oración:

Señor Jesús, te pido sabiduría para comenzar a ser mejor mayordomo. Mi deseo es caminar en libertad para poder dormir en paz y estar en paz. Señor, que yo pueda capacitarme en manejar el dinero y ser fiel con lo que tengo. Creo que me creastes para estar libre y no ser esclavo de algo que me desvíe de tu plan perfecto. ¡Con tu ayuda y mis acciones, lo conquistaré! Amén.

Plan de Acción:

- ❑ ¿Cuál es la raíz del por qué estás en deudas?
- ❑ ¿Estás listo para dar un giro?

Notas de Reflexión y Acción:

DÍA 2 - BARRERA AL POR QUÉ (ENFRENTANDO LOS MIEDOS)

"Porque no nos ha dado Dios espíritu de cobardía, sino de poder, de amor y de dominio propio"
2 Timoteo 1:7

Devocional:

Imagínese un niño creciendo, llegando a su adolescencia, y no saber que algún día tuviera que enfrentar un miedo que no sabía que existía. Ese día llegó. Mientras iba hacia la cancha de baloncesto, su amigo lo llama, "avanza, avanza para que te escojan con mi equipo". Enfocado en el amigo, comenzó a correr y mientras corría driblando la bola de baloncesto, se confronta con un ladrar de un perro. El ladrar no era el problema, era que se sentía el adolescente como un fugitivo corriendo de la policía. Mientras el adolecente corría más rápido, el perro corría más rápido. Hasta que el adolecente pudo tener una buena distancia y llegó a la cancha sin una mordida del perro.

¡Ese adolescente era yo! Nunca fui criado con perros o animales en mi hogar. Mis amigos para ese tiempo tampoco tenían perros. Nunca fui adiestrado a cómo tratar a un perro o qué es lo que lo puede hacer reaccionar de una forma no muy agradable. No sabía que ese miedo existía, pero llegué al conocimiento que era necesario aprender a enfrentar el miedo. ¿Cómo lo hice? Me relacioné con personas que tenían perros para aprender lo que no sabía. Ahora, todavía aun sabiendo lo que debo hacer, no soy muy cariñoso con los perros, pero el miedo ya no me domina, sino que el dominio propio domina.

Suele pasar lo mismo cuando hablamos de finanzas. Quizás en tu hogar nunca fuiste adiestrado sobre las finanzas y no era un tema que se hablaba o se enseñaba. Ahora llegas a la adolescencia, a la juventud y notaste que sus acciones estaban teniendo resultados no muy agradables y después de adulto con una familia, te hablan de finanzas y tienes miedo. La buena noticia es que puedes aprender, puedes cambiar los resultados cuando aprendes a tener dominio propio. Es probable que, aunque no entiendas todo, puedes tomar pasos sólidos para comenzar a cambiar su destino y su legado.

El Eterno nos ha dado una mente creativa, nos ha dado imaginación, nos ha dado talentos y dones. La única forma que lo podemos ver hecho realidad es capacitándonos y poniéndolo en práctica. Mientras piensas que no puedes ver su presupuesto porque no sabes lo que va a enfrentar o a ver, yo le reto que lo intentes, que venzas el miedo, que rompas la barrera para que veas que aún con miedo, puedes moverte y ver resultados.

Usted tiene la mente de Cristo para comenzar a transformar sus finanzas, a crear disciplina y comenzar a ver la transformación financiera y no dejar que el miedo o el no saber, domine más en su vida.

Oración:

Señor Jesús, te pido, que me ayudes a tener dominio propio sobre mis temores. Sé que podré realizar esto mientras crea en tu palabra, en tus promesas y haga mi parte. Voy a crear nuevos hábitos y alimentar mis dones y talentos para ver un futuro mejor para mí y mi familia, Amén.

Plan de Acción:

- ❑ ¿Estás listo para cambiar sus finanzas?
- ❑ ¿Cuáles son sus sueños? ¿Qué metas desean adquirir? Escribe metas de corto y largo plazo.

Notas de Reflexión y Acción:

DÍA 3 - EL POR QUÉ (EL PROPÓSITO DE TENER UN BUEN MANEJO FINANCIERO)

"Y su Señor le dijo: Bien, buen siervo y fiel; sobre poco has sido fiel, sobre mucho te pondré; entra en el gozo de tu Señor"
Mateo 25:21

Devocional:

Un viernes en el 2011 después de un día largo de trabajo, llego a mi hogar y comienzo a platicar con mi esposa sobre las cuentas que tenemos que pagar y lo que va a sobrar para el resto del mes. Recuerdo muy bien que había cobrado un bono y las palabras de mi esposa fueron; todo el bono se irá para los diezmos. Yo sorprendido le dije, ¿cómo? ella me repitió lo mismo. No estaba muy contento y le reclamé el por qué no me dijo que nuestro presupuesto mensual no estaba dando para pagar todos los gastos y responsabilidades. Ella me respondió: "hicimos un acuerdo que yo pagaría las cuentas y tú ganarías el dinero".

Esta conversación comenzó a cambiar mi perspectiva, ya que aún teniendo un poco de dinero salvado y creyendo que como soy ingeniero podía hacer las calculaciones en mi mente, llegué a la conclusión de que tenía que volver a lo básico sobre finanzas. El siguiente día (el sábado), recuerdo muy bien que mi amigo me dio unos CD's de audio sobre finanzas y comencé a capacitarme y a ver una nueva perspectiva sobre el manejo del dinero. No les miento, al principio culpé a mi esposa, pero luego llegué a reconocer que la culpa la tenía yo. A ella nunca la instruí a manejar el dinero, porque yo tampoco sabía cómo manejar el dinero. Ahora puedo entender, que no es cuánto me hago al mes o al año, si no es como manejas lo que haces al mes y al año.

Esta experiencia me llevó a reflexionar sobre la importancia de tener un por qué y lo importante de poder manejar las finanzas adecuadamente y responsablemente. Tener un por qué es lo que le va a guiar a manejar sus finanzas eficazmente. Sin un por qué no hay dirección, sin un por qué no hay metas, sin un por qué no hay necesidad de luchar por lo que su corazón tanto desea. Sin tener un por qué vas a cometer muchos errores en la vida con sus finanzas y no vas a poder vivir como deseas, con los recursos que tienes.

Una de las lecciones que aprendí mientras volví a lo básico de las finanzas fue que los recursos que tengo no son míos, son del Creador que confío en mí y ahora me llama mayordomo. Al entender esto podemos comprender que Dios confía en ti y le da recursos para que usted pueda manejar y multiplicar. Lo podemos observar en el versículo de este devocional.

Mi deseo es que cuando Dios observe la familia Sánchez y observe a su familia y los recursos que él nos ha dado, él pueda también decirnos, "sobre poco has sido fiel, sobre mucho te pondré, entra en el gozo de tu Señor".

Le reto a que tome asiento y analices: ¿Cuál es su por qué? ¿Cuál es su meta? ¿Cuáles son sus deseos? Estas preguntas le ayudarán a luchar para ver la transformación de sus finanzas. Dios está a su favor y Él cree en ti.

Oración:

Dios, tu palabra dice: "clama a mí y yo te responderé y te mostraré cosas grandes y ocultas que tú no conoces". Creo que al clamar a ti tú me vas a responder, tú me vas a enseñar y vas a poner las personas adecuadas en mi camino para tener un por qué. Entiendo que el por qué me llevará a la responsabilidad, a la disciplina para ver mis recursos multiplicarse mientras están en mis manos. En el nombre de Jesús oro esto, Amén.

Plan de Acción:

- ❑ Una reflexión interna consigo mismo y su cónyuge.
    - ❑ ¿Por qué no nos gusta hablar de las finanzas?
    - ❑ ¿Qué podemos hacer para tener conversaciones sanas sobre las finanzas?
    - ❑ ¿Qué estamos haciendo con nuestras finanzas?
- ❑ Imprima 2 meses de sus finanzas.

Notas de Reflexión y Acción:

____

____

____

____

____

____

____

____

____

DÍA 4 - COMENCEMOS LA JORNADA

"Yo sé los planes que tengo para ustedes, planes para su bienestar y no para su mal, a fin de darles un futuro lleno de esperanza. Yo, el Señor, lo afirmo"
Jeremías 29:11

Devocional:

Todo en la vida tiene un comienzo. Cuando nací no sabía caminar, comer, ni hablar, pero al crecer y aprender de mis padres y maestros, pude llegar a un nivel de entendimiento. Luego al llegar ser adulto, pude hacer cosas por mi propia cuenta y seguir capacitándose en áreas necesarias para mi crecimiento personal.

De igual forma es su jornada financiera, quizás no le enseñaron, quizás no hablaban de finanzas en su casa ya que era un tabú. Los primeros tres días de este devocional, hemos comenzado a dar las herramientas para crear un plan de acción por día para que usted comience esta jornada de libertad financiera. Después de enseñar matrimonios, personas solteras y jóvenes sobre finanzas, ¡he visto que lo que se necesita es deseo de cambiar! Si tienes ese deseo y sabes que no tienes otra opción, estás comenzando su jornada.

En el año 2019 comencé una jornada de correr. Esto fue un reto que me llevó a tener un nuevo amigo, pero mis primeras palabras fueron, yo no sé hacerlo, yo no sé lo que necesito, fui vulnerable con mi amigo para dejarle saber lo que no sabía y no promover expectaciones falsas. El rápidamente me dio las recomendaciones necesarias y lo que tenía que hacer paso a paso para comenzar a correr. Sus recomendaciones o consejos me ayudaron a ver los resultados más rápidos que yo deseaba, entendiendo que de mí se esperaba disciplina, consistencia, resiliencia para obtener lo deseado.

El plan de mi amigo era que tuviera éxito y un futuro mejor para mi salud. El plan de Dios es que usted tenga éxito, bienestar, salud y paz en todo el sentido de la palabra. El deseo mío es que usted tenga éxito y un futuro mejor. Para que tengas una jornada exitosa, le reto a lo mismo, que comiences hoy su jornada financiera, a crear consistencia, disciplina y resiliencia para que puedas ver un futuro mejor para ti y los tuyos.

Oración:

Señor Jesús, ayúdame a no ser oidor o lector de este devocional solamente, sino hacedor de lo que estoy aprendiendo en estos devocionales. Yo sé que tú deseas el bienestar para mí y para mi familia y yo me apropio a tus deseos, porque tus deseos son para darme un futuro mejor y mi deseo como padre, amigo, darle un futuro mejor a los que están alrededor de mí y poder ser de bendición para muchos. Hoy comienzo mi jornada para cambiar mi presente, mi futuro y dejar un excelente legado, Amén.

Plan de Acción:

- ❑ Revise su ingreso y gastos para empezar a modificar.
- ❑ Analice los gastos, pregunte, observe, revise su ingreso y gastos para empezar a modificar

Notas de Reflexión y Acción:

DÍA 5 - DISCIPLINA

"¿No sabéis que los que corren en el estadio, todos a la verdad corren, pero uno solo se lleva el premio? Corred de tal manera que lo obtengáis"
1 Corintios 9:24

Devocional:

Todo atleta desea ganar el premio que ve adelante, sea un trofeo, sea dinero, sea reconocimiento, todos los atletas comienzan con un por qué. La realidad del caso es que no todos los atletas comienzan en el mismo nivel. Es probable que algunos desde su niñez comenzaron con entrenadores mostrando así sus destrezas y habilidades increíbles, pero otros comenzaron sin nada, sino con un deseo de adquirir una meta. Ambos casos tienen una meta, pero su comienzo es diferente.

Podría decir que la persona que no tiene habilidades o sin un entrenador está en desventaja, pero también el que tiene habilidades y un entrenador tiene una desventaja, y es que no pueden depender solamente y totalmente de sus habilidades o dones. Ambos tienen que trabajar fuerte para obtener lo deseado.

El peligro está en ambos ejemplos del que tiene la desventaja o ventaja. Ambos tienen que tener disciplina, ambos tienen que mantener el hambre de ganar, ambos tienen que mantener su mirada en la meta final, porque ambos van a tener que pasar por momentos difíciles, momentos oscuros, y aún momentos que se van a sentir sólo en su jornada de llegar a su meta final. ¿Por qué menciono la disciplina?, porque la disciplina es lo que le va a empujar a llegar a la meta, aunque no se sienta bien y aunque no tengas el deseo de seguir. La disciplina juntamente con las metas le van a impulsar a seguir caminando, aunque sea paso a paso, pero llegará el momento que podrás respirar, observar y agradecer que continúas luchando por su deseo, por su premio.

Los atletas no ganan por ganar, sino que crean disciplina. La disciplina hay que trabajarla tal como el atleta tiene que trabajar sus músculos de su cuerpo y crear un régimen para poder mantenerse saludable físicamente y emocionalmente. Cada atleta sea nuevo o con mucha experiencia todos tienen algo en común, tienen un Entrenador que lo pueda mantener en un régimen hecho específicamente para ellos para así crear consistencia y aumenten su disciplina y no lleguen a un lugar de conformismo y se olviden de su meta final. El deseo del entrenador es que el atleta luche por alcanzar su premio.

Dios también anhela que usted corra para ganar su premio, pero aún Dios entiende y sabe que no es bueno que el hombre esté solo, sino que tenga a alguien que le ayude a crear consistencia, disciplina y habilidades para llegar a su meta final y decir: "Yo he corrido y he ganado el premio".

Oración:

Señor Jesús, ayúdame a entender que sólo no podré llegar al premio final, sino que tendré que luchar personalmente en crear mi disciplina, consistencia y buscar ayuda donde sea necesaria para así poder alcanzar el premio deseado. Oro que pongas personas en mi vida que puedan ser mi entrenador, como un atleta necesita su entrenador, en el nombre de Jesús, Amén.

Plan de Acción:

- ❑ Comienza a buscar libros o Podcast de finanzas para que comiences a ejercitar la disciplina de aprendizaje.
- ❑ Comienza a escuchar a personas que están ganando con sus finanzas - como si fuera un entrenador.
- ❑ Busca un entrenador para que pueda ayudarle a crear disciplina más rápido y puedas alcanzar sus metas y evadir errores que ellos han pasado.

Notas de Reflexión y Acción:

___

___

___

___

___

___

___

___

___

___

___

___

DÍA 6 - ¿CUÁL ES SU MAYOR RECURSO?

"En casa del sabio hay riquezas y perfumes, pero el necio gasta todo lo que tiene"
Proverbios 21:20

Devocional:

En mi jornada personal de mejorar mis finanzas, quise automáticamente dar por gracia por lo que por gracia he recibido y fue comenzar a capacitar diferentes personas y ayudarles con sus finanzas. Una de las realidades que tuve que enfrentar era la mentalidad de que yo necesitaba más dinero para adquirir lo que deseaba, de igual forma, observé que era el mismo pensar de muchos. El deseo de querer más o adquirir más en la vida.

Lamentablemente es una mentalidad errada, ya que usted no puede tener más si no sabes manejar, manipular, controlar lo que actualmente tienes. Por ejemplo, si su jefe le da la responsabilidad de enseñar a un empleado, su jefe le va a recompensar adecuadamente a lo que usted pudo enseñarle a ese empleado. Pero, no puedes pensar que el jefe le va a dar más personas para capacitar si no le dio las herramientas y capacitaciones necesarias para que el empleado pueda hacer su trabajo con fluidez y sin mucha ayuda.

De igual forma trabaja las finanzas. El Creador ha depositado en sus manos recursos y automáticamente usted se convierte en un mayordomo. Si lo vemos desde esta perspectiva, el Creador le ha dado una responsabilidad de manejar, cuidar y multiplicar el recurso actual que usted tiene, que es su ingreso. Su ingreso es el mayor recurso que tienes actualmente para cambiar su vida financiera. La verdad es que no necesitas un aumento en sus finanzas, lo que necesitas hacer es un presupuesto para comenzar a ser un buen mayordomo. Vas a ver como usted mismo se dio un aumento por ser sabio y traer tranquilidad y un fundamento sólido en su familia qué se llama Responsabilidad.

El Señor, al ver que usted comienza a ser responsable con sus recursos, El entonces. le dará más entendimiento y Él pondrá más en sus manos para manejar y administrar sus bienes.

En otras palabras, si eres responsable con lo actual y entiendes que su mayor recurso es su ingreso actual y comienzas a manejar sabiamente, usted verá que podrás salvar dinero y podrás invertir y multiplicar la bendición que ya tienes en sus manos.

"No es cuánto te haces, sino qué haces con lo que tienes".

Oración:

Señor Jesús, ayúdame a cambiar mi perspectiva sobre el dinero, entendiendo que tú eres el que me permite tener estos recursos y tú deseas que yo sea un buen mayordomo para que tú puedas confiar más en mí. Mi deseo es que tú puedas confiar y depositar más en mis manos para yo poder multiplicarlo. Yo creo que con mis acciones y las modificaciones que haré, lo podré lograr para que tú puedas confiar más en mí y depositar más en mis manos, Amén.

Plan de Acción:

- ❑ Comenzar a analizar las salidas de su presupuesto y preguntarte:
    - ❑ ¿Es necesario o es un deseo? si es un deseo, comienza a removerlo de su presupuesto.

Notas de Reflexión y Acción:

DÍA 7 - DE LA AMBIVALENCIA A LA ACCIÓN.

"Si entienden estas cosas y las ponen en práctica, serán dichosos"
Juan 13:17

Devocional:

Cuántas veces has dicho: "yo sé, yo sé lo que tengo que hacer, yo entiendo lo que tengo que hacer, no me digas lo que tengo que hacer". Creo que hemos escuchado esto una o varias veces en nuestra vida. He entendido que muchas veces la reacción de esta respuesta va más allá de lo que le mostramos a las personas y es una respuesta superficial. Es una respuesta que no queremos en realidad saber lo que está ocurriendo verdaderamente en nuestras vidas, porque quizás no sabemos hacerlo. Tenemos la idea, la teoría, pero no la práctica, y no nos atrevemos a preguntar por ayuda.

Tengo dos hijos, y muchas de las veces cuando le digo algo que yo sé que deben saber, dicen: "yo sé papá", pero le repito lo mismo y me responden de igual forma. Luego de varias veces tengo que sentarme con ellos y preguntarle; "¿en verdad tú sabes hacer lo que te estoy preguntando? Sería más sabio preguntar por ayuda, que llevar a la persona que le estás preguntando a un nivel de frustración.

Quizás por eso usted no mira sus finanzas, no mira lo que entra ni lo que sale mensualmente, porque tienes miedo de lo que quizás vas a encontrar. No te preocupes, a mí me pasó de igual forma. Yo decía: "yo hago buen dinero, yo sé lo que entra, yo se lo que sale mentalmente todo está calculado!", pero tenía que enfrentar lo que yo no sabía. La realidad es que antes de mejorar, tienes que hacer un diagnóstico de lo que está sucediendo para poder hacer los cambios necesarios para llevar sus emociones, sus miedos, a un lugar seguro, porque ahora sabrás con lo que estás trabajando.

Es necesario que ahora llevemos el "yo se" de la ambivalencia a tomar acción, y la acción es observar su presupuesto, observar la entrada y salida, observar lo que es necesario o no es necesario, para ver su vida financiera cambiar. Esta realidad tuve que tomarla en el 2011 y fue la mejor decisión junto a mi esposa. Tuve miedo, porque yo sabía que no tenía nada en control, pero al sentarme analizar lo que le he recomendado en este devocional, comencé a obtener la paz y crear un plan de acción para un futuro que actualmente estoy viviendo. Ahora sobre todo hay paz, control y multiplicación.

Mi deseo es que de igual forma usted pueda adquirir paz, control y multiplicación, porque si entiende estas cosas y la pones en práctica serás dichoso.

Oración:

Señor Jesús, deseo cambiar la actitud de "Yo sé" a una actitud de mayordomía, a una actitud de responsabilidad, a una actitud de que yo quiero un futuro mejor. Entiendo que para tener un futuro mejor tengo que enfrentar la realidad de lo que está sucediendo con mis finanzas. Te doy gracias, porque hoy tú abres mis ojos y puedo comenzar a trabajar en controlar y hacer los cambios necesarios para adquirir la paz que tú me has prometido, Amén.

Plan de Acción:

- ❑ Aceptar mi responsabilidad.
- ❑ Leer sobre la mayordomía y apropiarme de este principio.

Notas de Reflexión y Acción:

DÍA 8 - FALACIAS SOBRE EL DINERO

"Porque el amor al dinero es raíz de toda clase de males; y hay quienes, por codicia, se han desviado de la fe y han causado terribles sufrimientos"
1 Timoteo 6:10

Devocional:

Después de adulto me puse a investigar el por qué mis pensamientos han estado limitados sobre el dinero. Crecí pensando que el dinero era malo, y si alguien tenía dinero me hacía la pregunta: "¿por qué tenía tanto dinero?" y luego juzgar su carácter basado en todo el dinero que tenía.

Creo que no fue la intención de mis padres o de mi círculo de influencia proyectar esto; pero sus dichos como; "cuidado, que el tener mucho dinero es malo"; "cuidado, que el dinero es la raíz de toda clase de maldad"; "cuidado, que el dinero te dañara"; "solo trabajas para lo que necesitas y no te preocupes de guardar mucho dinero ya que se lo dejarás al anticristo".

Bueno, todos estos dichos fueron creando en mí un problema mientras crecía. Cuando analizaba a las personas no cristianas adquirir dinero legítimamente y dar sin prejuicios, esto creó un gran conflicto en mi.

Les confieso que al crecer yo solo escuchaba lo que predicaban de la Biblia hasta que comencé no solo a escuchar, sino que también a leerla. Cuando comencé a escudriñar las escrituras me confronté con el versículo de este devocional y esta frase se magnificó; "El <u>amor</u> al dinero". La palabra amor es lo que identificará si amas el dinero y lo haces su dios, o lo usas como una herramienta para bendecir a los tuyos y lo que están a su alrededor. El deseo de Dios es que entendamos que Él nos quiere bendecir, pero también desea que nuestro corazón esté en el lugar correcto para que él pueda entonces decir, sobre poco fuiste fiel, ahora te puedo poner sobre mucho.

Me gustaría compartir 5 falacias que creo que nos podemos identificar:

1. El dinero es malo.
    a. El dinero no tiene moral, no conoce la diferencia entre el bien o el mal.
2. El dinero cambia a las personas.
    a. "El dinero no cambia a las personas, las desenmascara". ~desconocido
3. Más ganancias, significa más riqueza.
4. Un grado (educación) más alto, siempre significa salarios más altos.
5. Es muy tarde para alcanzar mis objetivos (metas) financieras.

Oración:

Padre celestial te damos gracias por enseñarnos que tu quieres prosperarnos. Entiendo que tu quieres que prospere como prospera mi alma, que mi alma se una a tu voluntad para cuando tome mi responsabilidad como mayordomo, yo pueda ser bendición para mi familia y a las oportunidades que se presenten para representarse a ti y ser de ayuda a los necesitados, Amén.

Plan de Acción:

- ❑ Analizar qué falacias te han paralizado en pensar como mayordomo y escribirlo en un papel.
- ❑ Orarle al Señor por claridad y comenzar a sustituir los pensamientos errados a lo que dice Dios en su palabra.
- ❑ Comenzar a realizar un plan de acción con lo que Dios te ha entregado para multiplicarlo.

Notas de Reflexión y Acción:

DÍA 9 - DESGLOSANDO LAS METAS A CORTO Y A LARGO PLAZO

"Y Jehová me respondió, y dijo: Escribe la visión, y grábala bien clara en tablas, para que el que pase corriendo, pueda leerla"
Habacuc 2:2

Devocional:

Recuerdo cuando comencé en mi profesión, me dieron una tarea de llevar un camión pequeño a una feria al estado de New Hampshire. Los jefes asumieron que yo sabía llegar y solamente me dieron la dirección. Que problema serio tuve, ya que no hice un plan de como llegar, cuantas horas iba a estar en el lugar y cuanto tiempo iba a tomar para regresar incluyendo el tráfico. ¡Creo que, si hubiera tomado el tiempo para desglosar el plan, me hubiera ahorrado la vergüenza de llegar a otro estado tres horas después! llegué tardísimo y gracias a Dios que me perdonaron el gran error que cometí.

Le cuento esto, porque en la vida quizás tengas una segunda oportunidad para hacer ajustes, pero la realidad es que no está garantizada. Me dieron un destino final y aun así no lo planifique para llegar al destino. ¿Qué destino quieres para ti y su familia de corto plazo (menos de 5 años)? ¿Qué destino final quieres a largo plazo?

Si No planificas, estás planificando fracasar. Jehová Dios mismo dijo que la visión la escribiera bien clara, para los que la lean la puedan leer y entender. No tiene que ser nada grandioso, porque todo es relativo a su estado actual en esta temporada de su vida. ¡Pero mi deseo número uno es que puedas soñar nuevamente! El soñar no le costará nada, pero él no soñar le costará ver su libertad financiera que deseas y darle un giro de 180 grados a su legado.

Les quiero dejar varias ideas de cómo comenzar un plan de corto o largo plazo:

- Deseo ver $500 o más de $1000 dólares en la cuenta de ahorro en los próximos 3 meses.
- Necesito salir de las tarjetas de crédito que están tomando un gran porciento de mi ingreso para el final del año.
- Deseo comprar una casa en los próximos 5 años.
- Deseo tomar vacaciones por primera vez con mi cónyuge e hijos en un año.

Oración:

Dios de segundas oportunidades, deseo y anhelo poder realizar las metas que tengo en mi corazón. Sean metas personales o familiares. Sé que, si pongo mis deseos e ideas en papel y las escribo clara, podré ver con claridad los próximos pasos que tengo que tomar. Oro para que los planes se hagan realidad y que si hacemos un error mientras implementamos estas metas, se que tu lo cambiaste para bien. Gracias por enseñarnos que es importante escribir lo que pensamos para solidificar lo que tu has puesto en mi corazón. Amen.

Plan de Acción:

- ❑ Escribir una meta de corto plazo y poner un tiempo específico para obtenerlo y trabajarlo.
- ❑ Escribir una meta de largo plazo, ponerle un tiempo específico para obtenerlo y trabajarlo.
- ❑ Bono - *Cada meta debe tener pasos específicos para obtenerlo.*

Notas de Reflexión y Acción:

DÍA 10 - MÁS QUE TARJETAS DE CRÉDITO

"y conoceréis la verdad, y la verdad os hará libres"
Juan 8:32

Devocional:

Al comenzar el proceso de pensar sobre mis deudas y así tomar acción al escribirlo en papel, tomó un buen tiempo. Yo diría que me quedé escuchando un podcast de finanzas por tres meses antes de tomar ese paso tan aterrador. ¿Qué pasó? Escribí todas mis deudas en papel para luego sumarlas y entonces ver la realidad de cuánto debía en tarjetas de crédito, en carros, etc...

Yo siempre decía que sabía los números en mi cabeza, "porque soy ingeniero". Bueno la realidad del caso es que sabia los números en mi cabeza de lo que tenía que pagar al mes, pero no la cantidad de cada deuda en su totalidad. Sin tener esa información, siempre caía en el círculo vicioso de preguntar, ¿cuánto pagaré al mes? y seguir adquiriendo deudas. Ahora entiendo que este plan no era sabio, porque jamás hubiera salido de las deudas con ese pensamiento, sino hubiera tomado el paso de escribir todas las deudas una por una con su cantidad total de lo que se debía. Una de las formas más rápido que caímos en deudas fue con las tarjetas de crédito. ¿Por qué? No se si es porque simplemente lo vemos como plástico, o porque pensamos que es dinero de otro y nunca tendremos que pagarlo, pero las tarjetas de créditos son un gran porciento de las deudas de los consumidores.

Aquí les dejo algunos ejemplos de pagareses al mes y la deuda actual:

- El pagaré del auto es $325 al mes, pero la deuda en total es $15,000.00
- El pagaré de la tarjeta es $29 al mes, pero la deuda en total es $900.00
- El pagaré de la otra tarjeta es $35 al mes, pero la deuda en total es $1500.00
- El pagaré de la tarjeta para las vacaciones es $100 al mes, la deuda en total es $8000.00

Si vemos la realidad de lo que estamos haciendo, hemos vivido mes por mes, y no hemos notado de que estamos cayendo más en las deudas. En este ejemplo se paga al mes un total de $489 en deuda, pero en realidad se debe en total: $11,900.

Por eso tomé tres meses antes de poner las deudas en papel, porque tenía miedo de ver la realidad de los pasos equivocados que tomé. Pero, ¡la verdad nos hará libres! Vi la verdad de la totalidad de lo que debía, me senté con mi esposa y realizamos un plan de corto plazo para pagar las deudas. Hoy, podemos disfrutar de los sacrificios que tuvimos que hacer por esos próximos tres años. ¿Fueron fáciles? ¡NO! Tuvimos que utilizar la palabra "no", "no podemos" por un buen tiempo. Y aún hoy con nuestro presupuesto mensual - seguimos utilizando la palabra "no" cuando es necesario.

Usted puedes lograrlo de igual forma. Aceptando que escribiéndolas en papel y realizando un plan podrás decirle adiós a la esclavitud de las deudas y aceptar la verdadera libertad - Lo cual es obtener lo que tienes sin deberle a nadie y bendecir a otros.

Oración:

Señor Jesús, sé que he tomado decisiones que ahora reconozco que no son, ni serán saludables para nuestro futuro personal o familiar. Reconozco que la verdad me hará libre, ayúdame a tomar el próximo paso el cual es anotar todas las deudas y crear un plan estratégico para poder salir de ellas. Sé que me darás la sabiduría para poder tener un mejor futuro. Amen.

Plan de Acción:

- ❑ Buscar todas las deudas.
    - ❑ Incluyendo si le debes a un familiar.
- ❑ Escribir cada deuda, con la cantidad total que se debe.
- ❑ Comenzar a pagar la deuda más pequeña y utilizar el "Snowball effect".

Notas de Reflexión y Acción:

DÍA 11 - ANALIZANDO LO COMÚN

"No vivan ya según los criterios del tiempo presente; al contrario, cambien su manera de pensar para que así cambie su manera de vivir y lleguen a conocer la voluntad de Dios, es decir, lo que es bueno, lo que le es grato, lo que es perfecto"
Romanos 12:2

Devocional:

Observando mi vida y las decisiones tomadas sobre las finanzas pude observar la triste realidad que la consistencia y la disciplina que deseaba estaban yendo rumbo a lo opuesto de los buenos resultados.

Tuve que tomar tiempo y hacerme la pregunta: ¿Qué hábitos he creado que automáticamente caigo en la trampa de comprar sin control? Comprar cuando no me siento bien, comprar por simplemente ver algo deseado por alguna aplicación como Amazon, etc... siempre le pago a todo el mundo sin límites.

Reconocerlo es el primer paso que debemos tomar para cambiar el patrón de nuestro pensamiento y tener el por qué. El plan de corto y largo plazo será el vehículo para su transformación financiera.

Luego que tuve los dos primeros pasos que mencioné en el párrafo anterior, tuve que tomar algo que se sentía tan complejo y simplificarlo. Esto fue lo que hice y me gustaría que lo practicaras.

Ejemplo:

1. Imprimí de mi cuenta bancaria los últimos 3 meses de estados bancarios para revisar.
2. Tomé un marcador para resaltar los lugares comunes del primer mes.
    a. Ejemplo - resalta cuantas veces fui a Wal-Mart, Dunkin Donuts, Starbucks, etc.
3. Al lado en el papel - escribí un lugar común (Wal-Mart) con el total de gasto de ese mes.

Después de terminar este ejercicio, analicé lo que en realidad necesitaba vs lo que quería. Este ejercicio me permitió observar si estaba en el lugar opuesto de mis metas de corto y a largo plazo - y el resultado fue, ¡Si! Este ejercicio comenzó a ayudarme a cambiar los patrones errados que había creado. Comencé a cambiar mi forma de pensar y entender que el deseo de Dios es que yo sea un buen mayordomo por el cual me llevará a conocer la voluntad del Padre para poder bendecir a otros.

Me gustaría recomendarle que haga el mismo ejercicio, ya que sé y estoy bien seguro, que comenzarán también a ver los patrones comunes y desde ese punto podrás cambiar los hábitos para comenzar a ver su consistencia y crear una mejor disciplina.

Oración:

Señor Jesús, los patrones que he creado sea o no influenciado por los criterios del tiempo, han traído sus consecuencias negativas. Gracias, porque al leer este devocional puedo entender que tu quieres lo mejor para nosotros, pero nosotros tenemos que hacer lo posible. Hoy me comprometo a estar más atento a mis gastos comunes y hacer las modificaciones necesarias para honrarte a ti y honrar a los míos.

Plan de Acción:

- ❑ Imprime de su cuenta bancaria los últimos 3 meses de estados bancarios para revisar.
- ❑ Tomé un marcador para resaltar los lugares comunes del primer mes.
    - ❑ Ejemplo - resalta cuantas veces fuistes a Wal-Mart, Dunkin Donuts, Starbucks, etc.
- ❑ Al lado en el papel - escribe un lugar común (Wal-Mart) con el total de gasto de ese mes.

Notas de Reflexión y Acción:

DÍA 12 - MIRANDO MÁS ALLÁ DEL HOY

"De las aves según su especie, y de las bestias según su especie, de todo reptil de la tierra según su especie, dos de cada especie entrarán contigo, para que tengan vida"
Génesis 6:20

Devocional:

Cuando leo este versículo lo que pienso es en la preparación para el futuro. Me explico, cuando Dios le dice a Noé que tome dos animales y dos aves de cada especie, no era para la preservación presente, era para la preservación del futuro.

Esto me trae a memoria cuando mi mamá decía que había que estar preparado para cuando llegara el día malo. La verdad es que uno nunca quiere pensar en el mal día, sino en el presente y en el próximo día. La preparación yo lo llamaría un sacrificio de Fe, estás preparándote para algo que no ves, por si llega. Noé obedeció y podemos leer la historia con el resultado. Personalmente yo también pude ver los resultados, pero no como Noé los vio. Él vio el resultado de su preparación y yo vi el resultado de ignorar el aviso.

En el área de finanzas nosotros llamamos esta preparación, "Fondo de Emergencia". Cuando preparamos un fondo de emergencia estamos aceptando la realidad que lo inesperado puede pasar y no nos tomará desprevenido. Una mañana me levanté y la batería del carro de mi esposa no funcionaba. Ahora estoy pensando como voy a pagar por una batería nueva. Otro día me levanté y noté una llanta vacía, lo primero que pienso es cómo lo voy a pagar. Luego que pasé por estos pequeños momentos, reflexioné y pensé, ¿Por qué no me preparé?

Después de varios tropiezos, nos propusimos ahorrar primeramente mil dólares para el fondo de emergencia. Ahora cuando sucedió otro pequeño percance, no pensé cómo lo voy a pagar, sino que mi actitud cambió y sentí la paz, porque pude arreglar el problema y seguir adelante.

Le reto que se prepare con el consejo que le dieron a Noé para salvar los animales y las aves; preparemos para un mañana con menos frustración y con un fondo de emergencia.

Oración:

Señor, es mi deseo prepararme para un mejor mañana. Sé que muchas veces prefiero tener mis deseos hoy y no planificar para alguna emergencia. Ayúdame a empezar a tomar los pasos necesarios para realizar mi fondo de emergencia para cuando llegue el día difícil yo y mi casa podamos estar preparados. La preparación me ayudará a no caer más en deuda o añadir a mis deudas.

Gracias por darme la capacidad y las personas para realizar este próximo paso. ¡Amen!

Plan de Acción:

- ❑ Comenzar a ahorrar mil dólares ($1000.00) para mi fondo de emergencia.
- ❑ Abrir una cuenta bancaria para guardar el fondo de emergencia.
- ❑ Después del primer paso, continuar ahorrando para 3 meses de los gastos mensuales.

Notas de Reflexión y Acción:

DÍA 13 - LA CLAVE PARA SU LIBERTAD FINANCIERA

"Porque ¿quién de vosotros, queriendo edificar una torre, no se sienta primero y calcula los gastos, a ver si tiene lo que necesita para acabarla"
Lucas 14:28

Devocional:

En esta parábola el maestro Jesús está alertando a sus oyentes que antes de seguirlo deberían calcular lo que tendrán que dejar, abandonar y aun sacrificar para seguirle. Para simplificarlo, Jesús les relata diferentes historias para que ellos puedan relacionarse en lo natural para traerle un principio espiritual. Una de estas parábolas es la de la edificación de una torre.

¿Alguna vez has comenzado algo que has querido edificar sea una empresa, casa, una idea familiar, pero no te ha funcionado? Te has preguntado, ¿por qué no ha funcionado? El Maestro Jesús nos da la respuesta y es sentarse primero y calcular los gastos - su presupuesto. ¿Has hecho esto para realizar su libertad financiera?

¡Claro que sí Pedro! Querido lector, sentarse para calcular los gastos va más allá de ver cuánto va salir cada mes, y qué ahorros podemos hacer en su totalidad, lo cual es muy importante en este principio del presupuesto. Pero, también los gastos tienen que ver con la disponibilidad de sacrificar más que el dinero. ¿Estás dispuesto a acabarlo? ¿Completarlo? Quizás tienes el dinero ya, pero ¿tienes el tiempo para hacerlo? Esto es parte de la calculación de los gastos, su tiempo, sacrificio personal y familiar. Es abandonar por un lapso de tiempo los deseos personales para poder edificar su torre. Luego que calcules todo: dinero, tiempo, disponibilidad de su tiempo, tendrás la gran posibilidad de culminar su torre, su proyecto, su visión, su deseo.

Comience la edificación de la torre en su hogar haciendo los ajustes necesarios para eliminar las deudas y planificar un presente mejor para que los sueños que tenga para la construcción de su torre sea más posible realizar ya que su casa, su familia estarán en libertad financiera para comenzar a invertir en la visión que tengas.

Oración:

Señor Jesús, he comprendido que todo comenzará por mi y luego para los míos. Tengo que tomar la decisión de sentarme y calcular los gastos con mi presupuesto para mis sueños. De otra manera, si pongo los cimientos y después no puede terminarla, todos los que lo vean comenzarán a burlarse de mí como dice el versículo 29 de Lucas del capítulo 14.

Mi anhelo es terminar lo que comienzo para que mi vida natural pueda reflexionar mi vida espiritual.

Plan de Acción:

- ❑ Si no he comenzado el presupuesto, voy a comenzarlo
- ❑ Si he comenzado el presupuesto, ¿puedo seguir modificando o removiendo?
- ❑ ¿Ingresar en la página de "Más que Ingreso" con la comunidad y el Coach Sanchez?
- ❑ Comencemos a planificar para terminar nuestra torre - sea un sueño, deseo, etc.

Notas de Reflexión y Acción:

DÍA 14 - ANALIZANDO LOS RESULTADOS

"y conoceréis la verdad, y la verdad os hará libres"
Juan 8:32

Devocional:

¿Has escuchado el refrán "La verdad duele"?, bueno, ese dicho tiene veracidad. La verdad es la verdad y se toma más fácil cuando decimos la verdad con la intención de que la persona que escuche la verdad sea positivamente impactada, aunque no parezca así cuando lo reciba.

Nuestra actitud cuando recibimos alguna verdad, nos toca el ego o algo semejante. Nos pone ariscos, fuerte, o aún ignoramos la verdad, porque no nos gustó. Hablar sobre las finanzas y decir la verdad sobre ella no es un tópico muy popular que a los latinos nos gusta, sino es un tabú. Pero, gracias a ti que estás aquí en el día 14 de este devocional, porque no eres de los que no quieren escuchar la verdad o más bien, ver la verdad.

La verdad de las finanzas es que no nos enseñaron a manejar finanzas cuando chicos, no nos hablaban de dinero y menos como usarlo eficazmente, esa es la verdad. Pero hay otra verdad, y es que ahora como adultos podemos cambiar nuestra historia revisando cómo estamos manejando nuestro dinero. Sinceramente les digo, "no queremos analizar los resultados". Vamos, revíselo, siéntese con su cónyuge, o amigo y revise sus resultados del presupuesto para comenzar a ser libres de las tarjetas y deje de comprar cosas innecesarias, el cual es dinero que necesitarás para el mañana y el futuro.

Yo no quise observar mi presupuesto después que lo hice, porque tuve miedo de ver la verdad, pero al hacerlo, fui libre del cuento que me estaba haciendo y luego mi familia fue libre. ¡Vimos la verdad! y hoy podemos decir que somos libres de las deudas y mensualmente sigo revisando y mejorando con las finanzas para mantenerme libre. Usted también lo puedes hacer, Vamos, analiza tu presupuesto y comienza hacer libre mientras continúas pagando las deudas actuales hasta que termines y digas -"¡La verdad me ha hecho libre!

Oración:

Señor Jesús, quiero ser libre de las deudas y sé que para hacer libre tengo que tomar la responsabilidad y ver la verdad de mis decisiones y errores.

Mientras leo este devocional tengo la fe que todavía hay tiempo para cambiar y hacer los cambios necesarios en mi presupuesto mientras veo la verdad y la acepto. Se que tu me ayudarás y juntos con la comunidad de Más Que Ingreso vamos a conquistar y seré ¡verdaderamente libre!

Plan Acción:

- ❑ Sentarme a analizar el presupuesto línea por línea.
- ❑ Hacerse la pregunta ¿lo necesito o lo quiero?
- ❑ ¿Qué puedo modificar para ahorrar dinero y enviar pagarés adicionales a las tarjetas?
- ❑ ¿Cómo comenzar? Tengo miedo, preguntaré a mi comunidad de Más Que Ingreso.

Notas de Reflexión y Acción:

DÍA 15 - TIEMPO DE MODIFICAR

"He aquí, hago algo nuevo, ahora acontece; ¿no lo percibes? Aun en los desiertos haré camino y ríos en la soledad"
Isaías 43:19

Devocional:

En el momento de analizar lo que ha funcionado o lo que no ha funcionado sentirás diferentes

emociones que son normales y no sería bueno ignorarlas. Recuerdo cuando llegué a ese día, estaba entusiasmado con mi plan preliminar para luego mostrárselo a mi esposa y culminar con algo concreto, pero al ver el presupuesto y ver que había más salida en gastos que entrada, mi alegría se convirtió en tristeza, frustración, enojo y aun decepcionado, porque yo creía que era más inteligente que lo que veía en papel. Tuve dos opciones, continuar el tiempo de modificar con lápiz y papel para comenzar a cambiar hábitos o correr como anteriormente lo había hecho.

Bueno, creo que ya saben la decisión difícil que tuve que tomar. Por eso estoy escribiendo este devocional para que usted también tome esta decisión difícil, porque Dios tiene algo nuevo y aun con nuestras decisiones financieras erradas, él dice que hará camino en el desierto y ríos en la soledad. Hay esperanza para tomar los próximos pasos y comenzar a ver a Dios obrar a su favor como nunca lo has visto.

Retoma el papel con los datos de gastos con su taza de café o té, y comienza a preguntarse; ¿Necesitamos modificar la factura del celular? ¿Es necesario tener tantas líneas de teléfono? ¿Necesitamos modificar la factura del cable de televisión e internet? ¿Es necesario tener cable, Netflix, Hulu, Disney+, etc.?

Si se da cuenta, todo tiene que ver con su vida diaria y modificar lo que debes modificar y eliminar lo que en realidad no usas o necesitas. Es una decisión personal y familiar y cada familia, es un hogar único.

Comience a hacerse las preguntas como los ejemplos anteriores para los otros datos como carros, gasolina, etc. Vamos, mientras usted haga los cambios necesarios usted va a ver que una de las cosas que Dios está haciendo nuevo es su forma de pensar como mayordomo.

Oración:

Señor, hoy me revelas que mientras yo comienzo a tomar pasos de modificación financiera tú estás revelando lo nuevo que estás haciendo en mi vida y en mi familia. Te doy gracias que tu siempre llega a tiempo.

Los cambios no son fáciles, pero son necesarios ya que lo que he estado haciendo no ha estado funcionando y hoy comienzo otra etapa de crecimiento en mi vida financiera. ¡Gracias y ahora comenzaré!

Plan de Acción:

- ❑ Revisa cada línea de artículo en su presupuesto y pregúntese, ¿lo puedo modificar o remover?
- ❑ Después que hagas el ejercicio personalmente, busca a su cónyuge y haz la misma pregunta sin mostrarle su respuesta hasta que su cónyuge termine.
- ❑ Tenga una conversación de lo que es diferente entre sus respuesta para llegar a un acuerdo con razones justificadas.
- ❑ Únase a la comunidad de Más Que Ingreso para que puedas recibir soporte en este proceso.

Notas de Reflexión y Acción:

DÍA 16 - 7 PASOS FUNDAMENTALES

"Confía de todo corazón en el Señor y no en tu propia inteligencia"
Proverbios 3:5

Devocional:

Creo sin duda alguna que Dios le ha dotado con unas habilidades y dones excepcionales para bendecir a su familia y a otros. También creo que Dios ha dotado a otros para ayudarnos a crecer en diferentes áreas de nuestras vidas. Cuando confiamos en el Señor y confiamos que en él hay sabiduría y en las personas que él ha preparado para ayudarnos vamos a ver un aceleramiento en nuestras vidas increíble. Pero cuando tenemos la mentalidad que lo sabemos todos y no necesitamos ayuda de nadie, ahí es que no crecemos, porque cortamos la bendición de que los dones de otros impacten a nuestras vidas.

Recuerdo en una conversación con mi mejor amigo que ahora es mi pastor, él me dice: "Pedro, tengo aquí unos CD 's de Dave Ramsey de los 7 Baby Steps (Pasos de niños) sobre las finanzas". Yo le respondí, "déjame escucharlo y te lo devuelvo en un mes". El me responde, "no quédate con él y me dejas saber como te va". Bueno, desde esa conversación estoy ahora plasmando mis experiencias y lo que he aprendido juntamente con los Baby Steps de Dave Ramsey. Aquí le ahorro el tiempo y les dejo los 7 Baby Steps para que usted analice dónde está en el proceso:

7 Pasos Fundamentales

1. $1000 para el fondo de emergencia
2. Pagar todas las deudas de consumidor (menos la hipoteca)
3. Ahorrar de 3 a 6 meses de gastos mensuales
4. Invertir el 15% de los ingresos en la jubilación antes de impuestos
5. Invertir en el fondo de colegio para los hijos
6. Pagar la hipoteca (casa) temprano
7. Construya riquezas y dé al necesitado

Los primeros dos pasos son el fundamento donde los malos hábitos se comenzarán a romper. No lo tendrás que hacer solo, tienes una comunidad que está para ayudarte. Conéctate con nosotros en Más que Ingreso. Cuando termine el paso dos, luego se enfoca en el paso 3 y luego paso 4 sucesivamente. No intentes omitir un paso al menos que no tengas hijo que es el paso 5. ¡Vamos usted puede lograrlo!

Personalmente seguimos en el paso número 5 y 6 viendo buenos resultados. Esto es una jornada que lo podemos lograr juntos.

Oración:

Hoy tomo humildemente los consejos de personas que han estado donde estoy yo en este momento y tomaré los próximos pasos necesarios para aplicar los 7 pasos que me llevarán a mi libertad financiera. ¡Amén!

Plan de Acción:

- ❑ Revise en qué paso estas de los 7 pasos fundamentales.
- ❑ Comience en ese paso.
- ❑ Déjenos saber el paso que estás en nuestra pagina de Más Que Ingresó para motivar y felicitarle.

Notas de Reflexión y Acción:

DÍA 17 - ABRAZA EL PROCESO PARA VER EL RESULTADO

"Es verdad que ninguna disciplina al presente parece ser causa de gozo, sino de tristeza; pero después da fruto apacible de justicia a los que en ella han sido ejercitados"
Hebreos 12:11

Devocional:

Mientras crecía, mi mamá me enseñó la lección de esperar, y esa lección no le gusta a los adultos. ¡Imagínese a un niño que lo que quería era lo que veía que sus amigos tenían! Los procesos son el fundamento que te sostendrán en el mañana, porque escondido en el proceso está la disciplina.

Recuerdo la lección sobre esperar a comprar lo que yo quería (lo que no necesitaba). Me fui a trabajar a los 13 años de edad en una bodega. Trabajé fuerte por una semana para alcanzar $100 para comprarme los nuevos tenis de baloncesto. Bueno, sude fuerte y cuando estoy en la tienda con alegría para comprar lo que quería, la cajera me dice, "el total será $79.99". Mi rostro cambió bastante rápido y al salir de la tienda dije: "Jamás compraré tenis tan caros" ya que trabajé muy fuerte para que el dinero se me desaparezca solo con una compra de tenis. Aprendí la lección de esperar, pero también la lección de analizar lo qué es importante.

Podemos hablar de diferentes lecciones que nos da la disciplina, pero no hará el efecto necesario si no abrazamos la realidad que la disciplina es la guía para el éxito. La disciplina no es fácil, no es de comodidad, la disciplina es el entrenador para ver los frutos deseados hacerse realidad. La disciplina te impulsa, aunque no tengas ánimo para levantarte; para hacer ejercicio, para terminar lo que prometiste. La disciplina es la acumulación de la consistencia que has desarrollado con el tiempo.

Vamos a abrazar la disciplina para ver el resultado que hemos esperado.

Oración:

Señor Jesús, la verdad de la disciplina lo habla Eclesiastés. No es agradable, no trae gozo, trae tristeza, porque está rompiendo patrones que no nos ha llevado a dar buenos frutos. Yo clamo a ti y te pido que el Espíritu Santo me de las herramientas necesarias como el domino propio para comenzar a ser consistente y crear la disciplina que necesito. Creemos esto en el nombre de Jesús - ¡Amén!

Plan de Acción:

- ❑ Revisar personalmente el presupuesto semanalmente.
- ❑ Revisar el presupuesto con mi cónyuge o amigo semanalmente.

- ❑ Hacer los ajustes necesarios después de dialogar con mi cónyuge o amigo.
- ❑ Hacer todo de nuevo por 3 meses.

Notas de Reflexión y Acción:

DÍA 18 - SÓLO NO PODRÁS REALIZARLO

"Mejores son dos que uno; porque tienen mejor paga de su trabajo. Porque si cayeren, el uno levantará a su compañero; pero, !ay del solo! que cuando cayere, no habrá segundo que lo levante"
Eclesiastés 4:9-10

Devocional:

¿Haz alguna vez intentando hacer un proyecto o realizar una idea solo? Quizás no vistes los resultados que deseabas ya que el camino le trajo sorpresas inesperadas. La depresión o ansiedad tocaron a su puerta y el desánimo o el miedo le hablaban de noche.

Es interesante que el consejo que el escritor en Eclesiastés nos da es que mejor es tener alguien contigo que estar solo. No estamos hablando aquí de malas compañías, sino de personas que usted sabe que le pueden ayudar para su bienestar y no para el bienestar de ellos.

Si todavía tienes el concepto que no puedes confiar en nadie, le reto a que comiences a trabajar para romper esos paradigmas y comiences a ver los frutos de su trabajo, su idea, empresa o sueño.

Una cosa sí puedo decir con confianza y es que sólo podrás empezar, pero sólo no podrás realizarlo. Si, es su tiempo, si, es su sudor, si, es conquistar sus sueños, pero mientras caminas hacia realizarlo, las personas a su alrededor, su cónyuge, su mentor, su coach, sus amigos están al lado o detrás de ti apoyándote y dándote palabras de afirmación, confirmación, apoyo para que usted pueda terminar y proclamar victoria cuando conquistes lo deseado.

Jesús no caminó solo, tenia a sus doce discípulos. Cuando quiso poner a sus discípulos a prueba los envió de dos en dos. También hay muchos personajes bíblicos que siempre tuvieron a alguien a su lado. Si vemos personas exitosas a nuestro alrededor ellos te dirían: "gracias por darme la oportunidad, gracias al gerente de mi primer trabajo por creer en mí. Gracias a mi cónyuge que cuando yo no creía, ellos creyeron por mi".

Si no tienes a nadie, quiero retarte que prestes atención a su alrededor y tenga conciencia de su entorno y verás que muchos han estado gritando, ¡dale, que voy a ti, tú puedes hacerlo! ¡Si dices, "no tengo a nadie", bueno, aún así, estás leyendo este devocional y es mi intención dejarte saber que sí tienes a alguien y es la comunidad de Más Que Ingreso que cree en ti! Felicidades ahora si que vas a conquistar y llegar al final.

Oración:

Señor Jesús, ayúdame a recibir con brazos abiertos a las personas que tú me has enviado y me estas enviando para poder crecer y llegar a realizar mis metas personales y financieras. Gracias te doy, porque tu siempre llegas a tiempo. ¡Amen!

Plan de Acción:

- ❑ Observa su entorno y escribe quienes están por ti y dele las gracias por creer en ti.
- ❑ Comience a trabajar en sus metas y acepte las felicitaciones.
- ❑ Celebre las victorias con 2 o 3 personas que sabes que van contigo hasta el final.

Notas de Reflexión y Acción:

DÍA 19 - EVALUACIÓN TRIMESTRAL Y ANUAL

"Un momento para plantar, y un momento para arrancar lo plantado"
Eclesiastés 3:2b

Devocional:

Como padre les recuerdo a mis hijos que siempre hay más después de tomar un examen. No es solo hacer los ejercicios, capacitarse, y tomar el examen y ya. Casi siempre esta es la postura que tomamos ya que en nuestra mente hemos terminado. Mi hijo me preguntó una vez: "¿papá, porque tú quieres que yo revise el examen que ya tomé?", yo le respondí: "hijo, porque si sacaste una contestación equivocada puedes tomar el tiempo y analizar, ¿por qué la respuesta estaba incorrecta?" Vas aprender algo, y es que si sacastes cien en el examen, podrás notar que el sacrificio de repasar las notas antes del examen valió la pena y puedes disfrutar por un momento el logro.

Después de leer este devocional de finanzas, síguenos en las redes y usted puede beneficiarse del contenido que podamos darle, ¡esto no termina aquí! Siempre recuerdo la lección que compartí con mi hijo, ya que siempre es bueno revisar mi examen lo cual es de finanzas. ¿Cómo estamos haciendo? ¿Hicimos mejor este mes que el mes pasado? ¿Estamos mejorando cada tres meses? ¿Estoy pasando de grado? Quizás ese grado es ahorrando más, culminando algún paso de los baby steps. Cada una de estas preguntas son muy importantes para estar seguro que estemos aprendiendo lecciones de mayordomía y constantemente creciendo.

Esta lección la aplico a mis finanzas cada tres meses (Trimestral) y anual, adicional a mis revisiones mensuales del presupuesto. Le recomiendo que de cada tres meses revise en donde estás mejorando y al final del año revisar todas las categorías y determinar si se necesita modificar o eliminar algo de la lista. Cada año sigo estos pasos y continúo analizando las finanzas de cada tres meses y al culminar el año veo las finanzas y nuestra mayordomía como familia mejorando. No solo se trata de mi cónyuge y yo, es mejorar el legado de enseñanza que le estamos dejando a nuestros hijos para que ellos puedan tener una vida próspera para ser de bendición a otros también.

No todo va a pasar de la noche a la mañana, ya que todo tiene su tiempo como dice en Eclesiastés, tiempo para sembrar y tiempo para cosechar. Este es el tiempo que estás sembrando disciplina, consistencia, la habilidad de decir que no, la habilidad de estar en contentamiento en donde estas y para donde vas. ¡Cuando veas todo el sacrificio germinar dirás, valió la pena demorar el placer presente para un mejor mañana y futuro!

Oración:

Señor Jesús, gracias porque me recuerdas en el día de hoy que siempre hay oportunidad de crecer y mejorar. Ayúdame a no olvidar revisar mi examen de finanzas, sea que este mes pase el examen, o no. Que yo pueda ser humilde y tomar tiempo para ver que hice bien y que puedo mejorar. Quiero ser fiel en lo poco que tu has confiado en mí para que luego tú puedas confiar en mí en lo mucho. ¡Amen!

Plan de Acción:

- ❑ Revisar los últimos tres meses y ver si alguna categoría en la lista ha crecido o no.
- ❑ Pregúntate, ¿por qué ha crecido esta categoría y analizar si es necesario hacer cambios?
- ❑ Al culminar el año revise el mes 3, 6 y 9 a ver si los últimos 3 meses has mejorado.
- ❑ Al culminar el año revisa todas las categorías a ver si puedes modificar o eliminar alguna.

Notas de Reflexión y Acción:

____

____

____

____

____

____

____

____

____

____

____

DÍA 20 - UN FUTURO FRUCTÍFERO

"Yo soy la vid, y ustedes son las ramas. El que permanece unido a mí, y yo unido a él, da mucho fruto; pues sin mí no pueden ustedes hacer nada"
Juan 15:5

Devocional:

Si deseas seguridad para su futuro necesitas un fundamento seguro. Hay fundamentos que se ven bien en la superficie, pero cuando viene la tormenta, el torbellino, o cuando estamos pasando por el valle o el desierto lo que creíamos que teníamos como fundamento en realidad no era y cuando abrimos nuestros ojos todo el trabajo se desvaneció.

Es para mí importante tener un fundamento en mi vida personal, espiritual, familiar, relacional y económica. Todas las áreas son importantes, pero se necesita un fundamento sólido. Jesús es la piedra angular para que nuestro fundamento permanezca. Él va más allá y nos dice que después que me tengas como fundamento ahora soy más que eso y deseo que reconozcas que yo soy la vid, y si permaneces unido a mi, tu darás mucho fruto. Que interesante que Jesús no solo ofrece salvación, y ser la piedra angular, sino que también daremos muchos frutos.

Cuando nos apropiamos de esta verdad y comenzamos a pensar que, así como Jesús quiere que estemos en un fundamento sólido para dar frutos, nosotros debemos pensar igual para nuestra familia. Su familia verá su disposición a ser mejor cada día y seguir los principios de Jesús. Usted dejará un futuro fructífero en todas las áreas de la vida de sus seres queridos. Ellos tendrán una vida personal, espiritual, familiar, relacional y económica bendecida, porque lo pudieron ver en la persona que más admiran y respetan.

Ellos podrán testificar de los sacrificios que papá, mamá o la persona más cercana a ellos tuvieron que hacer para estar donde están en el mañana. Ellos podrán decir, era más que dinero era tener una vida próspera en todo el sentido de la palabra. El dinero fue una de las herramientas que nos ayudó a llegar a realizar sueños y metas, pero también pudimos entender que el dinero, la sabiduría proviene del Eterno.

Hoy juntamente con mi esposa e hijos estamos disfrutando un presente mejor que el pasado y nos estamos preparando para disfrutar un futuro mejor que el presente, sin olvidarnos de la Vid que es Jesús.

Oración:

Padre, deseo estar siempre en la Vid, ya que desde esta postura recibiré la sabiduría que necesito para ser fructífero en todas las diferentes áreas de mi vida.

Quiero ver frutos en mi persona, familia, relaciones y económica, pero sólo no podré hacerlo. Aun si he llegado a estar económicamente bien, si las otras áreas no están dando fruto, se que no estoy prosperando en la tonalidad que tú deseas. Deseo ser la rama para ser nutrido por la Vid. ¡Amén!

Plan de Acción:

- ❑ Analizar qué áreas en mi vida necesita la intervención de la Vid - Jesús.
    - ❑ Personal, Espiritual, Familiar, Relacional, y Económica.
- ❑ Realizar un plan de acción para la próxima área que tengo que simultáneamente crecer.
- ❑ Ser consistente con la revisión de mi presupuesto para continuar mis metas futuras.

Notas de Reflexión y Acción:

DÍA 21 - GENEROSIDAD

"En todo os he enseñado que, trabajando así, se debe ayudar a los necesitados, y recordar las palabras del Señor Jesús, que dijo: Más bienaventurado es dar que recibir"
Hechos 20:35

Devocional:

Me gustaría culminar estos 21 días de devocional hablando sobre la generosidad. Muchos de nosotros automáticamente cuando escuchamos esta palabra pensamos en dinero y por eso una de las razones que no prosperamos es por limitarnos a este pensar. Nos dice Jesús que: "Más bienaventurado es dar que recibir", en otras palabras, nos vamos a sentir más bendecidos y con más gozo cuando damos que al recibir algo.

El ser generoso no solo se trata de dinero, es dar de su tiempo, ayudar a su prójimo, un proyecto en la comunidad, servir en una organización sin fines de lucro, a su iglesia, etc.. Hay muchas cosas más que nos llenarán de alegría y nos recordarán que no estamos tan mal de lo que pensamos. A nosotros servirle a otros estamos ayudando al necesitado como Jesús nos habló en Hechos.

Al ser generoso con su tiempo le enseñarás a la próxima generación que no hay excusas si hay dinero o no para ayudar. Si comenzamos a ayudar con nuestro tiempo nuestra perspectiva cambia y Dios comenzará a bendecirte para luego poder ser generoso con su dinero ya que tendrás la capacidad de mayordomía con el corazón de servir sin esperar nada a cambio.

Cuando regalas una sonrisa, cuando le abres la puerta a un anciano o anciana, ¿te sientes bien? imagínese si comenzamos a ser generosos intencionalmente, buscando una razón para bendecir y ayudar a alguien. Su vida se sentirá más completa y su generosidad va hacer un impacto en su núcleo familiar para ellos también dar con más gozo de su tiempo y de sus recursos.

Seamos como Jesús, él no vino a ser servido, sino a servir. Su generosidad nos ha llegado a todos, Jesús comenzó con su círculo de amigos (los discípulos), luego fue de bendición para los que lo seguían o buscaban. El no esperaba tener para bendecir, sino el bendecía con lo que tenía y su padre le bendecía sobrenaturalmente.

No esperes a que tengas mucho dinero, comienza ya, mientras sales de las deudas para bendecir con su tiempo y con lo que tienes a los tuyos y a su prójimo. Luego, tendrás los recursos necesarios para bendecir con sus recursos.

Gracias por ser generoso y creer en invertir en este devocional para continuar su jornada de su libertad financiera. Estoy honrado de que hayas confiado en mí y espero que podamos seguir creciendo juntos y seguir comunicándonos por medio de los medios sociales o contenido que publique. Gracias; que la paz, la bendición, la sabiduría de Dios, y la generosidad sea sobre ti y los tuyos.

Oración:

Gracias Señor por este devocional y por la enseñanza sobre la generosidad, ayúdame a entender que mi generosidad comienza con mi tiempo en cómo ayudar a los que están alrededor de mi y luego con mis recursos. Gracias ya que estoy en el camino de la libertad financiera.

Plan de Acción:

- ❑ Comenzaré a ayudar a alguien hoy con mi tiempo.
- ❑ Intencionalmente buscar a alguien para bendecir y ser generoso.

Notas de Reflexión y Acción:

SOBRE EL AUTOR

El Ingeniero Pedro Sanchez Jr., conocido como Orador, Maestro, Líder, Pastor de Campo de RWC en Español - Spfld, Mass. y Empresario, decidió cambiar drásticamente su vida financiera junto a su familia en el 2011. En ese entonces, reconoció que sus finanzas estaban en un fundamento quebrado y era necesario tomar decisiones radicales para realizar los sueños deseados a corto y a largo plazo.

Comprendiendo que su profesión como ingeniero no tenía que ver nada con manejar sus finanzas, comenzó a capacitarse y en su búsqueda encontró a Dave Ramsey. Coach Sanchez aprendió principios importantes y al ejecutarlo, trabajó a su favor. Desde ahi comenzó ayudar a sus amigos y hacer talleres en la comunidad local. En el 2018, el Coach Sanchez se certificó con Dave Ramsey como 'Financial Master Coach' y continúa capacitándose en las finanzas para poder seguir ayudando a sus estudiantes. El Coach Sanchez a emprendido un segmento radial llamado, "Momento Financiero" y ha realizado este su primer devocional "¡Adiós Deudas!", "¡21 Días que transformará tus finanzas!". También ha realizado su curso en línea llamado, "Más Que Ingreso", ¡para que comiences a cambiar tu vida hoy!

www.pedrosanchezjr.com

RECURSOS ADICIONALES:

Gracias por leer nuestro primer libro físico ¡Adiós Deudas! Si disfrutó este libro o lo encontró útil, tómese un momento para dejar una reseña en Amazon o en el lugar que obtuvo el libro.

Siempre estoy interesado en aprender lo que le gusta, piensas y quieres para el futuro. Estaré leyendo todas las reseñas personalmente.

¡Gracias por su apoyo y por compartir este libro con un amigo o familiar!

Síganos en nuestras páginas digitales:

Facebook: @BlueXSolutions
Instagram: @psanchezjr1
Twitter: @psanchez
YouTube: @BlueX

Curso en línea:

Más Que Ingreso:
www.masqueingreso.com

Segmento Radial

"Un Momento Financiero"

NOTAS ADICIONALES:

ENLACES

www.adiosdeudas.info – Más información sobre este libro y el libro electrónico.

www.masqueingreo.com – Información sobre nuestro curso en línea donde el Coach Sanchez lleva al estudiante paso a paso para salir de las deudas y vivir una vida de paz financiera.

www.BlueXsolutions.com – Información sobre la empresa donde Pedro Sanchez, Jr brinda servicios de capacitación de Liderazgo y Finanzas personales o para empresas.

www.PedroSanchezJr.com – Información donde podrás encontrar los segmentos radiales "un momento financiero" y mucho más.

Síganos en nuestras páginas digitales

Facebook:	@BlueXSolutions
Instagram:	@psanchezjr1
Twitter:	@psanchez
YouTube:	@BlueX

BLUEX

LEARN, LIVE, LEAD

Made in the USA
Monee, IL
04 November 2026

67385525R00056